AF575742

Las sembradoras
MÁQUINAS AGRÍCOLAS
Heather Kissock
AV2 SPANISH
www.openlightbox.com

Paso 1
Ingresa a **www.openlightbox.com**

Paso 2
Ingresa este código único

AVL44658

Paso 3
¡Explora tu eBook interactivo!

Tu eBook interactivo trae...

AV2 es compatible para su uso en cualquier dispositivo.

Audio
Escucha todo el lobro leído en voz alta

Videos
Mira videoclips informativos

Enlaces web
Obtén más información para investigar

¡Prueba esto!
Realiza actividades y experimentos prácticos

Palabras clave
Estudia el vocabulario y realiza una actividad para combinar las palabras

Cuestionarios
Pon a prueba tus conocimientos

Presentación de imágenes
Mira las imágenes y los subtítulos

Comparte
Comparte títulos dentro de tu Sistema de Gestión de Aprendizaje (LMS) o Sistema de Circulación de Bibliotecas

Citas
Crea referencias bibliográficas siguiendo los estilos de APA, CMOS y MLA

Las sembradoras

Contenidos

La sembradora es una máquina agrícola.

Los agricultores la usan para sembrar sus cultivos.

Hay dos tipos principales de sembradoras.

Una se usa para sembrar maíz y otras semillas grandes.

La otra se usa para sembrar granos.

La mayoría de las sembradoras tienen contenedores.

Las semillas de las plantas se colocan en los contenedores.

Generalmente, la sembradora es arrastrada por un tractor.

Este es otro tipo de máquina agrícola.

El tractor arrastra a la sembradora por el campo.

Las semillas salen por un tubo de la sembradora.

La sembradora coloca las semillas en la tierra formando hileras.

De ese modo, se aseguran de que las plantas tengan lugar para crecer.

Las sembradoras pueden ser grandes o pequeñas.

Las sembradoras pequeñas siembran solo unas pocas hileras de semillas.

Las sembradoras más grandes pueden sembrar 54 hileras de semillas al mismo tiempo.

Hoy, las sembradoras suelen tener computadoras.

Los agricultores pueden programar la computadora para que siembre las semillas correctamente.

Algunas sembradoras también arrojan químicos.

Estos químicos protegen a las semillas de los insectos.

Las sembradoras pueden pesar más de 48.000 libras.

Eso es más del triple del peso de un elefante.

Es mejor mantenerse alejados cuando una sembradora está trabajando.

Published by Lightbox Learning Inc.
276 5th Avenue, Suite 704 #917
New York, NY 10001
Website: www.openlightbox.com

Library of Congress Control Number available upon request

ISBN 978-1-7911-5499-8 (hardcover)
ISBN 978-1-7911-5500-1 (multi-user eBook)

Printed in Guangzhou, China
1 2 3 4 5 6 7 8 9 0 27 26 25 24 23

022023
101722

Designer: Ana Maria Vidal
English Project Coordinator: Heather Kissock
Spanish Project Coordinator: Sara Cucini
English/Spanish Translator: Translation Services USA

Every reasonable effort has been made to trace ownership and to obtain permission to reprint copyright material. The publisher would be pleased to have any errors or omissions brought to its attention so that they may be corrected in subsequent printings.

The publisher acknowledges Getty Images, Alamy, and Shutterstock as the primary image suppliers for this title.